# LEGGE DI PARKINSON

## INFORMAZIONI CHIAVE

- **Nome:** Legge di Parkinson.

- **Utilizzi:** gestione pubblica, amministrazione, servizi pubblici, gestione delle risorse umane.

- **Perché ha successo?** È una teoria divertente, ma molto convincente, sulla propensione dell'amministrazione a crescere, indipendentemente dalla quantità di lavoro richiesto.

- **Parole chiave:** dipendente pubblico, amministrazione, orario di lavoro, gestione pubblica, burocrazia.

## INTRODUZIONE

Sconvolgendo le idee tradizionali sull'orario di lavoro, la legge di Parkinson sottolinea con umorismo il funzionamento dell'amministrazione burocratica nella seconda metà del XX secolo.

Pieno di humour britannico, e in un periodo in cui si denunciavano gli effetti perversi della burocrazia (si pensi al famoso romanzo *1984* di George Orwell, pubblicato nel 1949), Cyril Northcote Parkinson (1909-1993), storico britannico, pubblicò nel 1955 un articolo che presentava la Legge di Parkinson. La legge afferma che il personale della pubblica amministrazione cresce

# LEGGE DI PARKINSON

Padroneggiare la gestione del tempo e aumentare la produttività

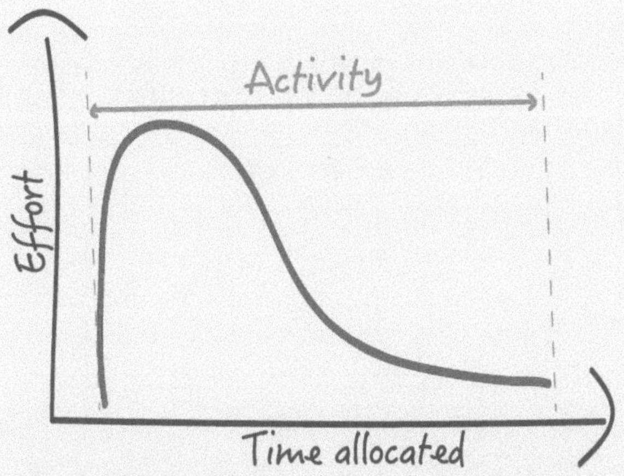

# LEGGE DI PARKINSON

Padroneggiare la gestione del tempo e aumentare la produttività

scritto da Pierre Pichère
tradotto par Sara Rossi

50MINUTES.com

a un determinato tasso (prodotto da una fantasiosa formula matematica), indipendentemente dalla quantità di lavoro da svolgere.

 ## DEFINIZIONE DEL CONCETTO

La legge di Parkinson si basa su tre affermazioni:

una persona che ha un lavoro da fare utilizzerà tutto il tempo a disposizione per portarlo a termine;

i dipendenti preferiscono sempre avere un subordinato piuttosto che un rivale;

i dipendenti creano reciprocamente il lavoro.

Queste tre affermazioni spiegano la tendenza naturale ad aumentare il numero dei dipendenti. Sebbene sia in gran parte umoristica, la legge di Parkinson ha il vantaggio di spiegare in modo intelligente lo sviluppo della burocrazia.

# TEORIA

Lo Stato fornisce compiti per i poteri pubblici (giustizia, polizia, diplomazia, ecc.). Oltre a questa funzione storica, nel corso del XX secolo sono state sviluppate prestazioni sociali per fornire istruzione, assistenza sanitaria, copertura sanitaria e pensioni. Sebbene questa seconda dimensione operi in modo diverso da una nazione all'altra, è presente ovunque in Europa con il nome di "Stato sociale".

Per gestire questa vasta operazione sono necessari degli agenti, chiamati funzionari. In Francia, ad esempio, ci si riferisce ai membri dei tre servizi civili (statale, ospedaliero e territoriale), ma più in generale ci si riferisce, in senso non giuridico, ai funzionari pubblici. Questa sfumatura è necessaria per comprendere la portata della Legge Parkinson, creata da un autore britannico, poiché il termine "civil servant" è inteso in modo diverso in altri Paesi.

## 👁 PERSONALE DEI TRE SERVIZI CIVILI IN FRANCIA

Nel 2013, la Francia impiegava 2,3 milioni di dipendenti pubblici, 1,14 milioni di funzionari ospedalieri e 1,8 milioni di funzionari territoriali, per un totale di 5,24 milioni di persone. Queste cifre includono i proprietari e gli appaltatori.

Adottando un approccio economico, dobbiamo includere anche i dipendenti delle strutture private finanziate con fondi pubblici per i servizi pubblici. Il totale ammonta quindi a circa 6 milioni di persone, che rappresentano circa il 25% dell'occupazione dipendente in Francia.

Istintivamente, la ragione impone alle autorità pubbliche di assumere agenti per i compiti che intendono affidare loro. A rigor di logica, l'aumento del personale dovrebbe corrispondere a un aumento del raggio d'azione dell'autorità pubblica in questione. La Legge Parkinson è stata creata per contrastare questa idea.

Nell'articolo pubblicato nel 1955 sulla celebre rivista *The Economist*, Cyril Northcote Parkinson ha costruito un ragionamento esattamente opposto. Secondo lui, l'aumento del numero di dipendenti pubblici si aggira intorno al 5,7% ogni anno, indipendentemente dalla quantità di lavoro assegnata al personale.

L'argomentazione di Parkinson alterna dati seri a un evidente desiderio di divertire il lettore. Nella prefazione scritta per l'edizione francese di un libro sulla legge di Parkinson, pubblicato all'inizio degli anni '80, il grande economista e demografo Alfred Sauvy (1898-1990) cita anche Raymond Devos (umorista francese, 1922-2006) e Jacques Tati (sceneggiatore e attore francese, 1907-1982) più volentieri degli economisti classici britannici Adam Smith (1723-1790) e David Ricardo (1772-1823) e classifica Parkinson tra i più grandi fantasisti del tempo. Tuttavia, questa fantasia è più una dimostrazione dell'umorismo britannico che una conclusione vera e propria, ed è diventata un riferimento classico nella gestione pubblica.

Come punto di partenza del suo ragionamento, Cyril Northcote Parkinson sottolinea che più tempo un individuo ha a disposizione per svolgere un compito, più tempo impiegherà per portarlo a termine. Lo illustra con l'esempio di una donna anziana e di un giovane che devono inviare una cartolina ciascuno. Scegliere la cartolina, scrivere il testo, affrancare la cartolina e spedirla: tutte queste operazioni richiederanno sicuramente un'intera giornata a chi non ha altro da fare, anche se il compito non richiederà più di mezz'ora a una persona molto impegnata. Non c'è quindi correlazione tra la quantità di lavoro richiesto e il personale scelto per svolgerlo: questo è il principio di efficienza.

La legge di Parkinson si basa su altre due affermazioni:

- **I dipendenti statali preferiscono sempre avere un subordinato piuttosto che un rivale.** Questa affermazione è dimostrata nell'articolo di Parkinson. Se un dipendente pubblico ritiene – a torto o a ragione – di avere troppo lavoro, ha a disposizione tre opzioni:

  - lasciare la posizione;

  - richiedere l'assunzione di un altro dipendente;

  - chiedere un subordinato.

    Per ragioni legate alla sua carriera e alle potenziali promozioni, preferirà un subordinato piuttosto che un collega che sarebbe considerato un rivale.

Inoltre, per evitare che si crei una rivalità tra lui e il suo subordinato, preferirà assumere due subordinati. Lo stesso problema si presenterà qualche anno dopo con entrambi i nuovi assunti, cosicché in breve tempo lavoreranno cinque persone, invece dell'unica persona che lavorava poco prima.

- **I dipendenti pubblici creano reciprocamente lavoro.** L'aumento del personale comporta un appesantimento delle procedure burocratiche, giustificando in seguito la decisione di assumere. Se il dipendente ha molto lavoro dopo aver assunto due subordinati, deve essere stato sopraffatto in precedenza. Ma, secondo Parkinson, una parte significativa del suo carico di lavoro deriva dai nuovi assunti, poiché ora ci sono molte più fasi di convalida.

Da queste due tendenze, Parkinson ha formato la legge a cui ha dato il suo nome e che esprime in una formula matematica:

$$(2k^m + l) / n$$

- $k$ rappresenta il numero di dipendenti che cercano di fare carriera nominando dei subordinati che li aiutino;

- $l$ rappresenta la differenza tra l'età di nomina e l'età di pensionamento;

- $m$ rappresenta il numero di ore dedicate alla risposta ai promemoria all'interno del dipartimento;

- *n* rappresenta il numero di nuovi dipendenti necessari ogni anno.

Per trovare il tasso di crescita, il prodotto viene moltiplicato per 100 prima di essere diviso per il totale dell'anno precedente (noto come *yn*):

$$100(2k^m + p) \,/\, yn$$

La legge di Parkinson stabilisce che questo tasso è compreso tra il 5,17% e il 6,56%, indipendentemente da qualsiasi variazione della quantità di lavoro.

# LIMITAZIONI ED ESTENSIONI

Qual è la portata della Legge di Parkinson? L'aspetto scientifico della teoria ne accentua la natura provocatoria. Tuttavia, sebbene abbia uno scopo umoristico, viene comunque utilizzata per riflettere sulla burocrazia e sui suoi effetti negativi.

## LIMITI E CRITICHE

### Quantificazione e tasso di crescita

La debolezza metodologica della legge creata da Parkinson è facile da individuare, poiché la maggior parte dei valori dell'equazione non può essere determinata. Come possiamo quantificare i dipendenti pubblici che cercano promozioni? Ciò richiederebbe uno strumento di lettura della mente, che lo Stato non ha ancora. Allo stesso modo, misurare il numero di ore passate a rispondere ai promemoria è una bella idea, ma significherebbe fare una cernita tra le risposte utili e produttive e quelle di cui la funzione pubblica potrebbe fare a meno.

Il risultato dell'equazione, un tasso di crescita compreso tra il 5,17% e il 6,56%, non deve quindi essere preso al valore nominale. In un articolo pubblicato circa 20 anni dopo l'introduzione della sua legge, Parkinson cercò di dimostrare che funzionava. Studiando il personale della pubblica amministrazione britannica, egli stesso riconobbe la debolezza della base statistica su cui aveva costruito il suo ragionamento. Tuttavia, egli concluse la validità della legge analizzando il personale di alcune autorità britanniche, in particolare del Ministero della Difesa. Anche in questo caso, però, l'articolo aveva una forte dimensione satirica, che spingeva a riderne.

Dovremmo quindi mantenere soprattutto la logica della legge di Parkinson, senza concentrarci troppo sulla formula matematica, il cui intento è probabilmente più umoristico che scientifico. Vediamo quindi gli aspetti principali che possiamo imparare da Parkinson:

- Il tempo di esecuzione di un compito tende a raggiungere il tempo effettivo disponibile per completare il lavoro.

- In un sistema burocratico, la forza lavoro tende a crescere rapidamente, a causa delle strategie di avanzamento degli attuali dipendenti, ma anche per il maggior numero di procedure che giustificano l'aumento del numero di persone legate a un compito. Questa spinta all'aumento del numero di dipendenti pubblici porta a un'impasse economica. Infatti, queste posizioni sono finanziate da addebiti diretti obbligatori, che quindi seguono una tendenza all'aumento, raggiungendo una soglia che soffoca il sistema economico.

## Inapplicabilità all'azienda e scarsa familiarità con il management

La legge di Parkinson non potrebbe essere applicata a un'azienda che subisce vincoli di produttività e aumenta la variazione dell'occupazione. Al contrario, questa azienda tenderà a ridurre la propria forza lavoro piuttosto che aumentarla. Anche se in realtà la Legge di Parkinson non corrisponde alle tecniche di gestione e di risorse umane. Queste tecniche lavorano per motivare i team al fine di aumentare la produttività e quindi combattono la tendenza ad aumentare il tempo necessario per completare un compito specifico.

## MODELLI ED ESTENSIONI CORRELATE

La legge di Parkinson è famosa ancora oggi. Possiamo quindi avvicinarci ad altre leggi o principi che, per alcuni, utilizzano una terminologia aggiornata e i cui presupposti si rifanno a quelli di Parkinson.

- Nel 1970, **Laurence J. Peter** (educatore canadese, nato nel 1941) ha formulato il principio a cui ha dato il nome, il Principio di Peter. Quando i dipendenti competenti vengono promossi a posizioni più elevate, arriverà sempre il momento in cui le posizioni in un'azienda (soprattutto a livello dirigenziale) saranno occupate da dipendenti incompetenti. Questo principio è simile alla legge di Parkinson in quanto si riferisce alla promozione dei dipendenti pubblici.

- Nel 1975, **Frederick Brooks** (ingegnere informatico e professore universitario, nato nel 1931) ha pubblicato un libro intitolato *The Mythical Man-Month*. Spiega come l'aggiunta di personale a un progetto già in ritardo non faccia altro che aumentare il ritardo finale. Critica l'unità di misura spesso utilizzata nella gestione dei progetti, quella dei mesi-uomo, ovvero la quantità di lavoro svolto da una persona in un mese. Tuttavia, questo volume dipende in larga misura dall'organizzazione generale del progetto, dalle condizioni di lavoro, ecc. Questa conclusione ha un terreno comune con la spiegazione di Parkinson sull'espansione del lavoro per riempire la quantità di tempo disponibile per completarlo. Questo approccio è stato anche paragonato ad alcune leggi sull'espansione dei gas, ma questo parallelo è più un confronto che una somiglianza.

- Considerando Parkinson come uno scrittore a metà tra l'umorismo e l'economia, è possibile paragonarlo anche ad **Auguste Detoeuf** (industriale e scrittore, 1883-1947). Autore di diverse raccolte di detti e pensieri, aveva studiato all'École Polytechnique, fondando poi la società *Alsthom*. I suoi testi sono ricchi di riflessioni sul mondo degli affari, con numerosi riferimenti al tempo e al modo migliore di utilizzarlo. Questi pensieri umoristici sono spesso simili all'approccio della Legge di Parkinson sulla dilatazione del tempo necessario per portare a termine un compito specifico.

Nel mondo delle scienze sociali, fin dall'inizio del XX secolo, diversi autori hanno studiato gli effetti della burocrazia, giungendo a risultati simili a quelli stabiliti da Cyril Northcote Parkinson. Tre di essi meritano di essere citati in questa sede.

- Secondo **Max Weber** (sociologo tedesco, 1864-1920), l'ascesa del capitalismo porta a un nuovo tipo di autorità. Mentre le società feudali basate sull'autorità personale e i regimi dispotici (come il bonapartismo) si basano sull'autorità carismatica, il capitalismo genera l'obbedienza alla regola, la cosiddetta autorità razionale. Una persona ha il controllo in base alla posizione che occupa nella gerarchia e ai poteri che le sono associati. Il termine "burocrazia" è poi apparso, utilizzato da Max Weber, senza connotazioni peggiorative, per descrivere il ruolo crescente dell'amministrazione statale e delle imprese nelle società moderne. Al contrario, egli ritiene che la burocrazia sia la forma sociale di maggior successo, in quanto si basa sullo stato di diritto e aiuta coloro che sono coinvolti nei compiti a sopravvivere.

- L'approccio di **Ludwig van Mises** (economista austro-americano, 1881-1973) è molto più critico. Nel 1944 egli denunciò, in *La burocrazia*, il peso crescente delle amministrazioni pubbliche nelle economie contemporanee e l'ostacolo che esse rappresentano per la crescita dell'attività economica. Questo testo potrebbe aver ispirato Parkinson che, sostenendo di aver sviluppato una regola che spiega il tasso di crescita del numero di dipendenti pubblici, si preoccupava di un momento in cui questa categoria avrebbe rappresentato l'intera forza lavoro.

- Nel corso di queste ricerche, il sociologo francese **Michel Crozier** (1922-2013) ha dimostrato come i funzionari di un sistema burocratico si liberino gradualmente dalle regole per sviluppare uno spazio di libertà. Questa ricerca può spiegare perché i dipendenti delle grandi organizzazioni impiegherebbero sempre più tempo per completare il loro lavoro, creando così le condizioni per l'assunzione di nuovi agenti, come descritto da Parkinson.

A partire dagli anni '70, la teoria del new public management si è occupata della gestione della pubblica amministrazione, cercando metodi di modernizzazione in gran parte ispirati alla gestione delle aziende private. Il trattamento degli utenti come clienti richiede lo sviluppo di agenzie efficienti che distribuiscano i servizi, mentre il governo centrale si limita a stabilire le linee guida. Questo approccio, ampiamente accettato, ma anche spesso criticato, cerca di superare la burocrazia e le sue peculiarità.

# APPLICAZIONE PRATICA

Sia nelle grandi aziende private che nelle amministrazioni pubbliche, i manager stanno cercando di creare strumenti per combattere le tendenze di fondo individuate da Parkinson.

Tuttavia, nella pubblica amministrazione questi mezzi sono spesso più limitati che nel settore privato. Lo statuto del personale limita i poteri gerarchici: si può licenziare solo in circostanze eccezionali e la definizione delle retribuzioni raramente tiene conto degli elementi oggettivi della performance. In tutti i Paesi occidentali, i recenti sviluppi hanno portato a un miglioramento dell'efficienza della pubblica amministrazione, con i seguenti obiettivi:

- controllando più strettamente i funzionari e limitando così l'effetto di espansione dell'orario di lavoro;

- semplificare le procedure amministrative contrastando le tendenze burocratiche;

- infine, limitare la crescita della forza lavoro nei servizi pubblici, anche cercando di ridurre il numero dei dipendenti pubblici, andando contro le previsioni di Parkinson sull'inevitabile aumento del numero di funzionari statali a una determinata velocità.

# CONSIGLI E SUGGERIMENTI

## Gestione degli obiettivi

Molti Paesi hanno implementato la gestione per obiettivi. Fino ai primi anni '90, i bilanci nazionali raramente includevano il collegamento tra obiettivi e mezzi. Nella maggior parte degli Stati membri dell'OCSE (Organizzazione per la cooperazione e lo sviluppo economico), queste procedure sono state poi sviluppate gradualmente. In Francia, ad esempio, la legge organica sulle leggi finanziarie (LOLF), adottata nel 2001 ed entrata in vigore nel 2006, fa parte di questo movimento. Essa pianifica i bilanci nazionali per programmi, con una capacità rafforzata di verificarne la performance. Il suo scopo è quindi quello di allocare le risorse per raggiungere gli obiettivi fissati dalle autorità pubbliche, sotto l'occhio vigile del Parlamento. Queste nuove procedure tendono a organizzare meglio il lavoro della funzione pubblica e dei suoi dipendenti, e quindi a combattere gli effetti negativi della burocrazia, come analizzato da Parkinson. È necessario determinare un numero limitato di obiettivi chiari, in modo che non siano in contraddizione tra loro.

## Sviluppo di incentivi e controlli

A sostegno di questa gestione per obiettivi a livello nazionale, il coinvolgimento dei funzionari pubblici è stato oggetto di numerose sperimentazioni. Incoraggiare i lavoratori a essere più efficienti e rafforzare i controlli sono due facce della stessa domanda: come si può migliorare la produttività dei servizi pubblici?

La Danimarca, ad esempio, ha sviluppato un sistema di retribuzione contrattuale per i funzionari pubblici, con l'obiettivo che la quota di retribuzione legata ai risultati raggiunga il 20% dello stipendio. La valutazione viene effettuata attraverso un dialogo tra il dipendente e il supervisore, con la supervisione di un rappresentante sindacale. Una recente rivalutazione di questa politica istituita 20 anni fa mostra una maggiore accettazione degli obiettivi di performance quando parte dello stipendio dipende da essi, poiché il dipendente comprende e si appropria degli indicatori e dei metodi di valutazione. Altri Paesi hanno scelto di sviluppare gli stipendi dei manager pubblici, coloro che gestiscono servizi e agenzie e che ricevono bonus o promozioni in base al successo dei loro team.

È ancora necessario sviluppare indicatori di performance pertinenti. Devono corrispondere agli obiettivi del servizio pubblico, senza essere puramente conteggiabili. Sarebbe difficile misurare le prestazioni di un agente di polizia in base al numero di multe emesse o di arresti. Ma come si può valutare il suo lavoro di prevenzione del crimine? Come si possono misurare eventi che non sono accaduti? Inoltre, in tutti i settori, privati o pubblici, qualsiasi valutazione comporta il rischio di appropriazione indebita da parte di chi ne è oggetto. I partecipanti adotteranno atteggiamenti suscettibili di migliorare gli indicatori, a scapito di altri aspetti del loro lavoro che sono ugualmente essenziali, ma meno facilmente misurabili dagli indicatori. Stabilire misure di performance, per controllare gradualmente le prestazioni in base agli obiettivi prefissati, richiede prudenza e un'attenta riflessione.

Infine, incentivi e controlli possono essere resi più diffi-cili dallo status del servizio pubblico. Nei Paesi con sistemi di carriera, l'inamovibilità dei dipendenti pubblici nominati per legge può ostacolare la creazione di una vera struttura di incentivi individuali e collettivi.

## SISTEMI DI CARRIERA E SISTEMI DI POSIZIONE

Nei servizi pubblici esistono due tipi di organizzazione.

Nei sistemi di carriera, i dipendenti entrano nel servizio pubblico dopo un esame o un concorso. Sono soggetti a un'organizzazione gerarchica, in cui l'avanzamento è legato ai punti ottenuti con l'anzianità e l'inquadramento. La sicurezza del posto di lavoro è generalmente garantita.

Al contrario, i sistemi di posizione richiedono una persona ritenuta più qualificata per una funzione, anche se non appartiene ai servizi pubblici. Più flessibile, questo sistema è più vicino al mercato del lavoro privato.

Si noti che in Francia i due sistemi coesistono. La funzione pubblica rientra nel sistema delle carriere, mentre i comuni funzionano più come il mercato del lavoro privato, con funzionari, ma anche con dipendenti esterni per coprire alcune posizioni con contratto temporaneo.

## Ridimensionamento

La legge di Parkinson è stata creata negli anni '50, un periodo di forte crescita in economie relativamente chiuse, in cui né il peso della spesa pubblica né la concorrenza tra sistemi fiscali erano ancora motivo di dibattito. Da allora la situazione è cambiata. I bilanci pubblici, soprattutto dopo la crisi finanziaria del 2008, sono stati resi più rigidi; gli Stati europei vogliono controllare la spesa. Dall'inizio degli anni '90 sono state avviate significative misure di stabilizzazione, anche con riduzioni del personale pubblico. I dati dell'OCSE indicano una relativa stabilità del numero di funzionari nella maggior parte degli Stati membri di questa organizzazione tra il 1991 e il 2001. Solo il Lussemburgo mostra un aumento medio del 4% all'anno. La Francia non ha partecipato a questa indagine.

Sono state attuate diverse strategie:

- Le privatizzazioni intraprese a partire dagli anni '90 in molti Paesi hanno portato a un cambiamento di status per i dipendenti pubblici o per i neoassunti. Questa riduzione dell'intervento statale è stata osservata in Francia, ad esempio, con la privatizzazione di grandi aziende come France Telecom. I funzionari del Ministero delle Poste e Telecomunicazioni sono stati gradualmente sostituiti da dipendenti privati della società France Telecom (ora Orange), e lo Stato detiene ora solo una piccola quota del capitale.

- Da diversi anni molti Paesi stanno cercando di contenere la forza lavoro pubblica. Le politiche di non sostituzione degli agenti, di pensionamento e di assunzione hanno portato a una stagnazione o addirittura a una leggera diminuzione del numero di dipendenti pubblici.

- Alcuni Stati hanno contraddetto in modo più evidente la legge di Parkinson, adottando una politica più brutale di sensibile riduzione del numero di funzionari statali. In Germania, negli anni '90, lo Stato si è separato da alcuni funzionari in seguito alla riunificazione del Paese.

Le politiche di decentramento hanno creato l'illusione di una diminuzione significativa. Così, secondo i dati della Corte dei Conti, i funzionari pubblici sono rimasti stabili nei servizi pubblici statali tra il 2000 e il 2007, una novità assoluta per Paesi come la Francia, molto legati all'intervento pubblico. Allo stesso tempo, però, il numero dei dipendenti dei comuni è cresciuto di 400.000 unità, a seguito delle successive misure di decentramento che hanno trasferito nuove responsabilità agli enti locali, tra cui il personale tecnico responsabile degli istituti superiori (consigli generali) e delle scuole superiori (consigli regionali). Si tratta quindi più di un'operazione di galleggiamento che di una vera e propria politica di stabilizzazione dei dipendenti pubblici.

# CASO DI STUDIO: LA FUNZIONE PUBBLICA BELGA

Il Belgio è un esempio interessante di servizio pubblico basato su uno status rigido, con un numero considerevole di dipendenti pari a circa 840.000 persone alla fine del 2013. Le recenti riforme hanno cercato di invertire la tendenza all'aumento costante delle iscrizioni descritta da Parkinson. È un modo per rispondere alla crisi economica, ma anche per riprendersi dall'erosione della fiducia tra il governo e i cittadini. Se da un lato lo Stato federale ha compiuto degli sforzi, dall'altro la progressiva federalizzazione del Paese ha portato le regioni e le comunità a sviluppare il proprio personale per assumere nuovi compiti, cosicché il numero di dipendenti pubblici ha continuato a crescere.

## LA MODERNIZZAZIONE DEI SERVIZI PUBBLICI

Tradizionalmente, la funzione pubblica belga era caratterizzata da una bassa mobilità dei dipendenti, da un sistema di carriere considerevole e da una certa rigidità, come molti servizi pubblici europei. A partire dagli anni '90, il crescente peso del debito pubblico, che ha raggiunto il 137% del PIL nel 1993, ha indotto il Paese a cercare di modernizzare i servizi pubblici per contenere i costi e migliorare l'efficienza. I servizi pubblici rappresentano circa il 17% del PIL belga, un tasso relativamente basso, ma a questo va aggiunto il personale ospedaliero, che non è incluso nella base statistica.

A livello federale, sono stati introdotti programmi di formazione manageriale, mobilità delle carriere e responsabilità della leadership per aumentare l'efficienza e combattere l'eccessivo aumento dell'orario di lavoro e del numero di funzionari pubblici, come descritto da Parkinson. Anche le regioni e le comunità hanno evoluto i loro metodi. Nelle Fiandre sono stati introdotti mandati di sei anni per gli alti funzionari. La funzione pubblica è stata riorganizzata in dipartimenti, con ampie deleghe ai dirigenti. In Vallonia si è proceduto a un raggruppamento e l'autorità regionale ha ulteriormente suddiviso le funzioni operative tra i vari dipartimenti.

 ## Lo sapevate?

La pubblica amministrazione belga ricorre spesso a personale a contratto, lavoratori interinali o subappaltatori per svolgere compiti specifici, nonostante il loro costo sia più elevato, al fine di ridurre la rigidità della pubblica amministrazione. In effetti, questi collaboratori sono più flessibili perché non sono nominati.

Per diventare funzionari pubblici, i candidati devono superare una serie di esami, mentre per la selezione degli alti funzionari, oltre a questa prima selezione, i candidati devono incontrare una commissione

disciplinare composta da specialisti nelle compe-
tenze richieste per i posti vacanti, che sono generalmente professionisti del settore pubblico e privato.

## LA FEDERALIZZAZIONE ALLA FINE DIMOSTRA LA TEORIA DI PARKINSON

Il governo federale si è inoltre impegnato in una politica
di riduzione del personale nei servizi pubblici belgi. Negli
impegni di bilancio del Paese, vengono intraprese azioni
per rispettare il Patto europeo di stabilità e crescita, che
portano a significativi risparmi nelle spese per il personale elencate per gli anni dal 2010 al 2014. Tali risparmi
superano i 300 milioni di euro previsti per il 2013 e il 2014.

Allo stesso tempo, il Paese ha aumentato la sua federalizzazione, trasferendo molte responsabilità alle autorità
locali e regionali. Gli sforzi per contenere l'occupazione
pubblica a livello federale sono stati vanificati dall'aumento dei servizi civili nelle regioni e nelle comunità.
L'occupazione nel settore federale è aumentata modera-
tamente tra il 2000 e il 2010, per un totale del 4,5% (ben
lontano dal 5-6% annuo previsto da Parkinson). Tuttavia,
nello stesso periodo, è aumentata del 20,5% nelle comunità e nelle province e del 22,7% nelle regioni. Tra il 2000
e il 2010, l'occupazione nel settore pubblico a tutti i
livelli è cresciuta più rapidamente dell'occupazione
totale (13,8% contro 9,2%). L'incertezza del mercato
privato è un ostacolo per i candidati che cercano la
sicurezza del posto di lavoro, garantendo la stabilità
della loro carriera e delle loro mansioni.

Questo esempio illustra le difficoltà che i Paesi devono affrontare per contenere il numero di funzionari pubblici. L'eredità della legislazione precedente che le nuove pratiche manageriali faticano ad ammorbidire, le legittime aspettative della popolazione nei confronti dei servizi pubblici e il movimento di decentramento o federalizzazione, molto pronunciato in Belgio, ma presente in molti Paesi europei dove il livello locale è valorizzato, portano a un difficile controllo del personale – senza contare che quest'arma può essere usata per combattere la disoccupazione. Ma in un momento in cui i conti pubblici sono sottoposti a un attento esame da parte della Commissione europea, della Corte dei Conti e dei mercati finanziari, e in cui la globalizzazione esercita una pressione al ribasso sul livello delle imposte obbligatorie creando una concorrenza tra i sistemi fiscali dei Paesi occidentali, questo tema compare nell'agenda politica ed economica. Tutti gli Stati stanno cercando di limitare le previsioni del Parkinson, con relativo successo.

# SINTESI

- La legge di Parkinson prevede un aumento annuale proporzionale del numero di dipendenti pubblici compreso tra il 5,17% e il 6,56%, indipendentemente dal carico di lavoro.

- Cyril Northcote Parkinson basa il suo ragionamento su tre presupposti:

  - un dipendente statale utilizzerà tutto il tempo a disposizione per completare il proprio lavoro;

  - preferirà sempre avere dei subordinati piuttosto che dei collaboratori, in base alla logica dell'avanzamento di carriera;

  - i dipendenti pubblici creano lavoro gli uni per gli altri.

- La legge di Parkinson è fortemente satirica, ma concorda con le teorie più scientifiche sulla burocrazia.

- Richiama l'attenzione del lettore su un'importante sfida finanziaria, ma sembra trascurare completamente l'aspetto della gestione delle risorse umane e dell'efficienza.

- Oggi i servizi pubblici stanno compiendo notevoli sforzi, soprattutto in termini di risorse umane, per contrastare la loro naturale tendenza alla crescita, al fine di controllare le finanze pubbliche e la qualità dei servizi offerti alla popolazione.

# ULTERIORI LETTURE

## BIBLIOGRAFIA

Demonty, B. (2013) Record di funzionari in Belgio. *Le Soir.* [Online]. [Consultato il 7 luglio 2014]. Disponibile da: < http://www.lesoir.be/160948/article/actualite/belgique/2013-01-14/record-fonctionnaires-en-belgique>

OCSE. (2005) *Modernizzare l'amministrazione: The Way Forward.* [Online]. [Consultato il 7 luglio 2014]. Disponibile da: < http://www.oecd-ilibrary.org/governance/modernising-government_9789264010505-en>

OCSE. (2007) *Examen de l'OCDE sur la gestion des ressources humaines dans la fonction publique: Belgio.* [Online]. [Consultato il 7 luglio 2014]. Disponibile da: < http://www.oecd.org/fr/gouvernance/emploi-public/39375860.pdf>

OCSE. (2011) *Preésentation de l'Étude économique sur la Belgique 2011 : Trois enjeux stratégiques pour la Belgique.* [Online]. [Consultato il 7 luglio 2014]. Disponibile da: < http://www.oecd.org/fr/belgique/etudeeconomiquedelabelgique2011.htm>

Parkinson, C. N. (1983) *Le leggi di Parkinson.* Parigi: Robert Laffont.

Vogliamo conoscere la vostra opinione!
Lasciate un commento sulla vostra biblioteca online
e condividete i vostri libri preferiti sui social media!

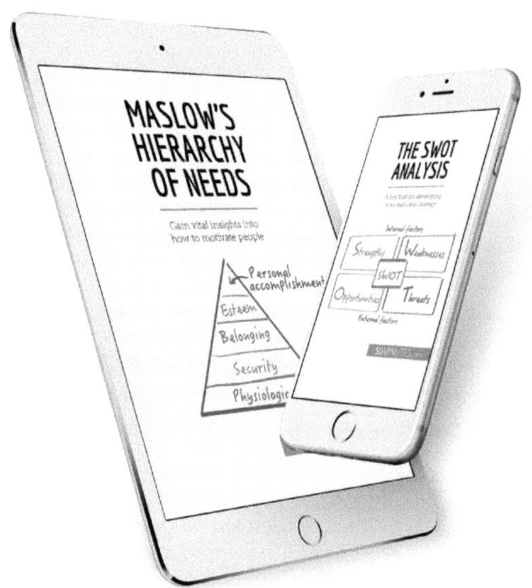

50MINUTES.com
MASLOW'S HIERARCHY OF NEEDS
Gain vital insights into how to motivate people
Personal accomplishment
Esteem
Belonging
Security
Physiologic
THE SWOT ANALYSIS
Internal factors
Strengths
Weaknesses
SWOT
Opportunities
Threats
External factors

L'editore garantisce l'affidabilità delle informazioni pubblicate, che non possono tuttavia impegnare la sua responsabilità.

Master ISBN: 9782808064736
ISBN cartaceo: 9782808065023
Deposito legale: D/2022/12603/89

Design digitale: Primento,
il partner digitale degli editori.